# EN VACANCES

COMÉDIE EN UN ACTE ET EN VERS

PAR

CHARLES SINOIR

PRIX : 50 CENTIMES

RENNES

IMPRIMERIE RENNAISE, RUE BOURBON, 5. — L. CAILLOT.

1880

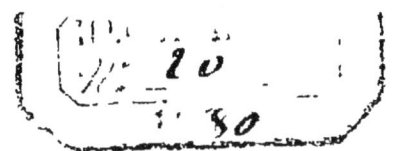

# EN VACANCES

### COMÉDIE

Representee pour la première fois sur le Theâtre de Rennes.

*Janvier 1880.*

A MONSIEUR TAPPONNIER-DUBOUT

Chef d'orchestre du Théâtre

---

AUX ARTISTES

Qui ont bien voulu se faire les interprètes de cette petite Comédie.

Avec ma reconnaissance.

Cʜ. SINOIR.

# EN VACANCES

COMÉDIE EN UN ACTE ET EN VERS

PAR

CHARLES SINOIR

PRIX : 50 CENTIMES

RENNES

IMPRIMERIE RENNAISE, RUE BOURBON, 5 — L. CAILLOT.

1880

## PERSONNAGES

Gaston (24 ans).......................... M. Ch. Delille.
Marguerite (18 ans)..................... M$^{lle}$ Olivia Leeder.
M$^{me}$ Prével (V$^e$), mère de Marguerite,
   (40 ans)............................ M$^{mes}$ Blanchard.
M$^{me}$ Guiraud (V$^e$), mère de Gaston (45 ans).    Tavernier.

*La scène se passe de nos jours.*

# EN VACANCES

Un salon de campagne. Grande porte au fond. A gauche, une fenêtre donnant sur des jardins. Porte latérale à droite — Au deuxième plan, à droite, une grande cheminée avec glace et pendule. — Au premier plan, à droite, une table, des livres, deux corbeilles de fleurs, une petite corbeille de travail ; un canapé près de la table. — Plein jour.

Au lever du rideau, Gaston, assis au bout du canapé, près de la table, lit un journal ; Marguerite, assise à l'autre bout, s'occupe à des travaux d'aiguille.

## SCÈNE PREMIÈRE.

### MARGUERITE, GASTON.

MARGUERITE.

Voudriez-vous, Monsieur, me passer mes dentelles ?
*Regardant par-dessus son épaule.*
Vous en êtes, je crois, aux *Petites Nouvelles ?*

GASTON (distrait).

Je n'en sais rien.

MARGUERITE.

Ma foi, le mot est très plaisant !
Est-ce que, par hasard, vous dormez en lisant ?

GASTON.

Dormir auprès de vous ! Certes, vous voulez rire.
C'est mal de le penser, plus mal de me le dire,

Et si je suis distrait en lisant ce journal,
C'est que....
(Se levant.)
Je pense à faire une course à cheval.

MARGUERITE.

Vous êtes bien poli... Vous me laissez muette,
Une heure, auprès de moi, vous lisez la gazette,
Et vous vous en allez sitôt vos journaux lus;
Allez, partez, Monsieur, je ne vous retiens plus.

GASTON.

Marguerite ?...

MARGUERITE.

C'est bon !

## SCÈNE II.

LES MÊMES. — M$^{me}$ PRÉVEL, M$^{me}$ GUIRAUD.

M$^{me}$ PRÉVEL.

Encore une dispute !
Ce sera donc toujours une éternelle lutte
Entre vous deux ! Tenez, je vous ai vus enfants
Et vous ne changez point en devenant plus grands.
Soyez donc sérieux ; vous vieillissez, en somme ;
(A Gaston, avec intention.)
Est-ce qu'un avocat ne doit pas être un homme !

GASTON.

Vous me jugez très mal, Madame, sur ma foi,
Et nul ne fut jamais plus sérieux que moi.

Mais qu'y puis-je, après tout, si, quand j'ouvre la bouche,
Pour un mot, Marguerite aussitôt prend la mouche!

### MARGUERITE.

Pourquoi prendre toujours de petits tons moqueurs!
Cela vous va très mal, allez!

### M$^{me}$ GUIRAUD.

                  Quels querelleurs!
Combien cela doit-il encor durer d'années?
Tenez, mes chers enfants, prenez ces fleurs fanées,
Ensemble et bons amis descendez au jardin;
De roses vous allez faire un autre butin;
Quand vous aurez laissé reposer nos oreilles,
Vous reviendrez ici refaire ces corbeilles.

                  (Gaston et Marguerite sortent.)

## SCÈNE III.

### M$^{me}$ GUIRAUD, M$^{me}$ PRÉVEL.

### M$^{me}$ GUIRAUD.

Ils sont jeunes et fous, mais ne sont point méchants;
Nous en viendrons à bout, ma chère, avec le temps.
Marguerite sera bien charmante en ménage!
Ne serait il point bon de parler mariage?
Elevés jusqu'alors tout comme frère et sœur,
L'amour, un tantinet, doit battre dans leur cœur;
Ils sont d'âge après tout : pourquoi tarder encore!
Leur amour germe-t-il, il faut le faire éclore
Et, sans brusquer la chose, on peut leur découvrir
Quels projets nous avons sur eux pour l'avenir.

M^me PRÉVEL.

Ces projets, vous savez combien je les caresse,
Combien je les chéris ; pourtant je le confesse,
J'y vois pour le moment quelque difficulté ;
Gaston, bien jeune encor, sort de la Faculté ;
Ma fille, hier encore, était pensionnaire ;
Il me semble que c'est traiter à la légère
Une chose importante, une grande action,
Et j'y mettrais, pour moi, plus de réflexion.
Non pas que je m'oppose à ce cher mariage,
Mais, soit dit entre nous, je crois qu'il serait sage
De ne pas tant jouer avec les sentiments :
Pour ces choses il faut laisser agir le temps.
N'êtes-vous pas chez moi pour toutes vos vacances?
Peut-être il s'offrira certaines circonstances
Qui nous laisseront voir si ma fille et Gaston
N'auraient pas dans le cœur quelque inclination.

M^me GUIRAUD.

Marguerite et Gaston furent nourris ensemble,
Ce sont de vieux amis; dans ce cas il me semble
Qu'amour et qu'amitié sont bien cousins-germains ;
Et si vous avez vu leurs serrements de mains,
Ils dénotent parfois une émotion telle
Qu'on ne s'y peut tromper : puis votre demoiselle
Quitte la pension pour n'y plus retourner ;
Vous le disiez, du moins, pendant-le déjeuner ;
Gaston a sa licence et, sans peine importune,
Il reste auprès de moi jouir de sa fortune.
Pourquoi tant de retard, unissons nos enfants,
Sur nos deux fronts déjà s'accumulent les ans ;
Nous aurons leurs bébés, leurs rires de jeunesse

Et nous ne verrons pas venir notre vieillesse.
Je convoite déjà le spectacle si doux
De mes petits-enfants jouant sur mes genoux.

M<sup>me</sup> PRÉVEL.

Je vous comprends très bien et Gaston, dans la chose,
Avocat, ne pourrait pas mieux plaider sa cause ;
Mais je vous le répète, avec sincérité,
Je ne veux dans ceci rien de précipité.
Bien que vous connaissiez le projet que leurs pères,
Pensant à leur hymen, avaient formé naguères,
Je ne me rendrai point à ce dernier désir,
S'il doit à nos enfants faire un sombre avenir.
Du bruit dans l'escalier....
(Avec surprise.)
Ils remontent bien vite !
(Montrant la porte de côté.)
Cachons-nous là, j'entends la voix de Marguerite :
De tout ce qu'ils diront ne perdons pas un mot ;
Les voici...
(M<sup>me</sup> Prével et M<sup>me</sup> Guiraud sortent.)

## SCÈNE IV.

GASTON, MARGUERITE.

Ils rentrent par la grande porte, portant des fleurs plein les mains.

GASTON.

Sapristi !... J'ai du coquelicot,
J'ai de la jalousie et des dahlias...

MARGUERITE (éclatant de rire).

Jaunes !

Toutes fleurs de bon goût... moi, j'ai des anémones,
Des roses, des œillets...
(Sentant ses fleurs.)
Oh! les bonnes senteurs!
(A Gaston ironiquement.)
On ne discute pas des goûts et des couleurs.
Mais nous ne voulons point, Monsieur, de fleurs pareilles;
Je n'en veux nullement pour faire mes corbeilles.

GASTON.

Pardon, Mademoiselle, à l'ouvrage tous deux!
Nous verrons qui de nous réussira le mieux.

MARGUERITE (riant).

Du jaune!
GASTON (tout en commençant sa corbeille).

Oui, du jaune, et, sans vous faire injure,
Mon bouquet vaudra bien le vôtre, je le jure,
Avec son jaune.

MARGUERITE.

Allons, soit, nous le verrons bien;
(A part, et se mettant au travail.)
Mais jamais, par exemple, il ne vaudra le mien.
(Silence... Puis regardant le bouquet de Gaston.)
Mais savez-vous qu'il est ravissant au possible
Votre bouquet, Monsieur!

GASTON.
Vraiment!

MARGUERITE.
Il est horrible!
*Et si pour mon malheur j'en avais fait autant,*
*Je m'irais de regret pendre tout à l'instant.*

#### GASTON.

Marguerite, je vois que vous lisez Molière.
..... Je ne mérite point un arrêt si sévère.
(Avec emphase.)
*Ayez pour agréable et souffrez, s'il vous plaît,*
*Que je me fasse un peu grâce sur cet arrêt.*

#### MARGUERITE.

Mon cher Monsieur Gaston, vous mettez trop d'emphase
Et vous avez un peu dénaturé la phrase.
Votre goût est mauvais, en fleurs, en prose, en vers,
En fait d'art vous voyez les choses de travers.
Prenez vos dalhias, laissez-moi votre ouvrage...
En équitation vous brillez davantage.

#### GASTON.

C'est-à-dire, en français : vous m'ennuyez ici ;
Soit, je vous débarrasse et je m'en vais...

#### MARGUERITE.
Merci !
(Gaston sort.)

## SCÈNE V.

#### MARGUERITE, M<sup>me</sup> PRÉVEL, M<sup>me</sup> GUIRAUD.

#### M<sup>me</sup> PRÉVEL (à M<sup>me</sup> Guiraud).

Ils n'ont pas du tout l'air de s'accorder ensemble.
(A Marguerite, sèchement.)
Que se passe-t-il donc, Marguerite ; il me semble
Que la discorde existe entre vous et Gaston,
Et vous semblez toujours vous parler sur un ton !...

Quelle mouche vous pique, et toutes vos vacances
Vous ferez-vous la guerre ?...

M<sup>me</sup> GUIRAUD (ironiquement).

        Ayez des convenances
L'un vis-à-vis de l'autre, et ménagez-vous mieux,
Ou bien vous finirez par vous tirer les yeux !

MARGUERITE.

Oh ! non, Madame, et puis ce n'est pas de la guerre,
Et nous sommes très bons ennemis.

M<sup>me</sup> GUIRAUD (avec intention).

          Je l'espère.

MARGUERITE.

Seulement nous avons des goûts tout différents ;
Il me vante le jaune, alors moi je prétends
Qu'il a tort et voilà d'où vient notre dispute ;
La cause en est futile.

M<sup>me</sup> PRÉVEL (sur un ton de reproche).

        Et vous mettez en butte
A vos propos moqueurs, Gaston qui se soumet
Et sort mortifié...

MARGUERITE.

  Mais maman ?

M<sup>me</sup> PRÉVEL (sévèrement)

         S'il te plaît.
(Elle lui fait signe de sortir.)

## SCÈNE VI.

### Mᵐᵉ PRÉVEL, Mᵐᵉ GUIRAUD.

Mᵐᵉ GUIRAUD.

Vous avez eu grand tort de gronder Marguerite
Et de la chagriner, car la pauvre petite
Ne met dans tout cela point de méchanceté
Et mon fils a des torts aussi de son côté.
Ce sont deux grands enfants, voilà toute la chose ;
Et, si vous le voulez, ma chère, je propose
De les mettre à l'épreuve et d'une autre façon ;
Je crois mieux réussir, et j'ai l'intention
De soumettre à mon fils et de lui faire entendre
Qu'il est très jeune encore, et, qu'à très bien tout prendre,
Peut-être il ferait mieux d'occuper ses loisirs,
Que c'est mal de songer seulement aux plaisirs,
Que j'en veux faire un homme et de plus un notaire.
Or, un de vos amis nous propose une affaire :
Il a besoin d'un clerc et, sans plus de retard,
Nous profitons pour lui de cet heureux hasard.
Saisissez-vous mon but?... Quant à moi, je présage
Un résultat certain de ce brusque voyage
Et ce départ subit les surprenant tous deux,
Les contente ennemis, les chagrine amoureux.
De joie ou de douleur le cœur vite s'enflamme,
Et nous finirons bien par lire dans leur âme !
Je vais chercher Gaston ; s'il vous rejoint ici,
Ne sachant rien encor, dites-lui tout ceci,
Et si de mon côté je trouve Marguerite,
Je vais l'en informer.

Mme PRÉVEL.

Alors partez donc vite !
Je fais des vœux pour vous ; de tout cœur maintenant
Je souhaite à l'intrigue un heureux dénoûment,
Et surtout croyez bien que je serai discrète.
(Mme Guiraud sort par la porte de côté.)

## SCÈNE VII.

### Mme PRÉVEL, GASTON.

Gaston entre par la porte du fond, l'air soucieux.

Mme PRÉVEL.

C'est vous, mon cher Gaston !... croyez que je regrette
Plus vivement que vous tout ce qui s'est passé ;
J'ai grondé Marguerite, elle vous a froissé ;
Oubliez, mon enfant, cette méchante histoire :
Ma fille est par moments d'une humeur un peu noire,
Mais il faut à présent bannir cet air chagrin.
Voulez-vous me sourire et me donner la main ?

GASTON.

Comme c'est bien là vous, et que vous êtes bonne !
Marguerite est enfant, certes je lui pardonne ;
Pourtant j'ai quelque chose, au fond, là, dans le cœur,
Et je ne voudrais pas lui voir cet air moqueur,
Car chaque mot piquant qui passe sur sa lèvre
Et qui s'adresse à moi vient me donner la fièvre ;
Pourquoi, je n'en sais rien, mais ne m'en blâmez pas,
Et s'il faut tout vous dire, et je le dis tout bas :
Elle m'a mis en peine à ce point, la coquette,
Que j'ai versé tantôt des larmes en cachette.

## SCÈNE VII.

M<sup>me</sup> PRÉVEL.

Eh bien ! mon cher Gaston, il vous faut en finir,
Et tenez, justement, je dois vous prévenir
Que votre mère veut vous soumettre une affaire
Dans laquelle il s'agit de clerc et de notaire ;
Elle vous croit trop jeune, et son intention
Est de vous voir choisir une position.
Un de mes bons amis vous offre, sans attente,
Notaire, à son étude une place vacante ;
C'est une occasion qui tombe sous la main,
Votre mère en profite et veut partir demain.

GASTON.

Partir demain !

M<sup>me</sup> PRÉVEL.

Mon Dieu ! cela me contrarie
Enormément ; enfin, puisque plus je la prie,
Plus à ce prompt départ elle semble tenir,
Je ne veux plus dès lors l'empêcher de partir.

GASTON.

Mais que dites-vous là ? De grâce, faites trêve
A la plaisanterie. Ou bien c'est donc un rêve ?
Partir clerc de notaire ! Aller je ne sais où !
Ma parole d'honneur, je crois que je suis fou.
Ma mère a dit cela, Madame ?

M<sup>me</sup> PRÉVEL.

Je la quitte,
Elle est à raconter la chose à Marguerite.

GASTON.

A Marguerite !

(Il tombe fondant en larmes sur le canapé.)

Hélas ! mes beaux rêves dorés !

M^{me} PRÉVEL.

Qu'avez-vous donc, Gaston, eh bien, quoi! vous pleurez;
Pourquoi donc ce départ vous fait-il tant de peine?

GASTON.

Ma mère a donc pour moi maintenant de la haine?
Comment, nous séparer, brusquement, dès demain!
Non, je ne le crois pas, j'en mourrais de chagrin.
Vous me trompez, Madame, ou cachez quelque ruse.

M^{me} PRÉVEL (à part).

Pauvre Gaston, vraiment, je suis toute confuse
Et si j'osais tout dire!
(Elle aperçoit Marguerite qui entre. A part.)
Oh! voilà qui vaut mieux;
Et je vais les laisser s'expliquer tous les deux.

## SCÈNE VIII (muette).

Madame Prével montre Gaston à Marguerite et lui fait signe d'avancer; elle sort doucement par la porte de droite; Marguerite la suit des yeux, toute surprise.

## SCÈNE IX.

MARGUERITE, GASTON.

MARGUERITE (à part).

Voilà bien du mystère, et ma mère qui sort!
Je ne sais trop comment... Voyons, est-ce qu'il dort?
Pauvre garçon! Vraiment, moi, je manque d'audace,
Et si quelqu'un ici voulait prendre ma place...
J'éprouve en vérité quelque hésitaton...

Pourquoi me confier cette commission?...
   (Haut.)
Gaston?...

### GASTON.

Comment, c'est vous! Où donc est votre mère?
J'étais bien à l'instant avec elle, j'espère ;
Ou bien mon pauvre esprit est-il bouleversé
Au point qu'il ne peut plus...
   (D'un ton désespéré.)
Oh! je suis insensé.

### MARGUERITE.

Non! c'est bien vrai; ma mère était là tout à l'heure,
Mais elle m'a prescrit que seule je demeure
Pendant qu'elle partait...

### GASTON.

Je n'y comprends plus rien ;
Et vous ne savez pas quel état est le mien,
Marguerite; entre nous que cela veut-il dire ?
Dois-je dans tout ceci me désoler ou rire ?
Vous a-t-on confié quelques secrets à vous ?
Expliquez-les; Gaston vous en prie à genoux.

### MARGUERITE.

Tout ce que l'on m'a dit vous semblez le connaître.
On m'a dit que demain vous partiriez peut-être,
Et que nous pourrions bien ne jamais nous revoir.
Voilà, mon cher Gaston, ce qu'on m'a fait savoir.
J'ai cherché le pourquoi, la cause du voyage,
On m'a dit qu'on voulait vous faire un homme sage,
Un homme enfin ayant une position ;
Je n'ai pas demandé plus d'explication.

### GASTON.

Et vous venez ici, sur ce ton peu morose,

D'un air très satisfait me redire la chose.
Ainsi vous nous voyez sans le moindre chagrin,
Tous deux, ma mère et moi, nous en aller demain !
Et vous ne pensez pas qu'au détour de la route
Une larme pourrait bien couler. — Non, sans doute.
Et comme l'hirondelle, au joyeux mois d'avril,
Venant vous retrouver du fond de son exil,
Jetant ses cris joyeux, joyeuse messagère,
Demandant à vos toits sa place hospitalière,
D'un œil indifférent vous nous voyez venir
Et du même œil aussi vous nous voyez partir,
Sans penser que le cœur prend quelquefois racine
Et que parfois la rose où l'abeille butine
L'enivre tellement de sa douce senteur
Qu'elle ne peut plus fuir son calice enchanteur !
Non, vous ne pensez pas tout cela, Marguerite !

MARGUERITE.

De ce que j'entends là je suis tout interdite.
Vous ne m'avez jamais parlé comme cela !
C'est un fort beau discours que vous me faites là !
Ce langage fleuri me semble magnifique ;
Pourtant je n'ai pas fait la moindre rhétorique,
Mais vous n'étiez pas né pour faire un avocat.
Le style du barreau ! Fi donc, comme c'est plat !
Vous ressentez du ciel l'influence secrète,
Et vous avez dans vous l'étoffe d'un poete !

GASTON.

De tout ce que je dis, rirez-vous donc toujours,
Et faut-il une fois vous parler sans détours?
J'éprouve à vous quitter une douleur amère...
Je serais malheureux séparé de ma mère,

Mais séparé de vous ce serait pis encor.
Pauvre fou, j'avais fait un songe, un rêve d'or,
Et je croyais déjà mon beau rêve possible ;
Mais puisque vous laissez voir une âme impassible,
Je garderai pour moi mon secret, ma douleur,
Et vous ne saurez pas ce qui brise mon cœur.

MARGUERITE.

Ami !

GASTON.

Je partirai...

MARGUERITE.

Souffrez au moins que j'ose
De votre désespoir vous demander la cause.

GASTON.

Je partirai, vous dis-je !... Oh ! pourtant c'est affreux !
Et vous ne voulez pas me rendre malheureux !
D'ennuis et de regrets mon âme est par trop pleine !
Songez que loin de vous je mourrai de ma peine,
Que j'ai laissé germer et grandir un amour
Qui me ronge et devient plus brûlant chaque jour,
Que je ne puis partir sans un chagrin extrême,
Que ce n'est pas possible... enfin... que je vous aime !

MARGUERITE.

Gaston !

GASTON.

Pardonnez-moi si d'un aveu si prompt,
Je fais baisser vos yeux et rougir votre front.
Mais je n'y tenais plus... ne pouvant le maudire,
Adorant malgré moi votre malin sourire,
Je viens vous supplier d'avoir pitié de moi,
Et dans votre bon cœur je mets toute ma foi.

Depuis deux ou trois jours je souffre, Marguerite,
Mais ce sombre chagrin disparaîtra bien vite
Si vous me promettez de ne pas me haïr,
Et si vous voulez bien m'aider à divertir
Ma mère du projet affreux qu'elle caresse
Et qui me fait douter presque de sa tendresse
Oh ! si vous le vouliez, cela s'arrangerait,
Car ma mère vous aime et vous écouterait.

### MARGUERITE.

Sur votre mère, ami, je n'ai point d'influence :
Certes, je comprends bien toute votre souffrance,
Mais quel puissant moyen puis-je faire valoir ?
Aidez-moi !

### GASTON.

Marguerite, écoutez ; dès ce soir
Vous pouvez arranger toute seule l'affaire.
Ce que je vous dis là c'est un peu téméraire,
Mais voyant, comme moi, que vous vous alarmez,
Ma mère écoutera ; dites... que vous m'aimez !

### MARGUERITE.

Gaston !

### GASTON.

M'en voulez-vous d'user du stratagème ?

### MARGUERITE.

Non !... pourtant... qui vous dit, Monsieur, que je vous aime ?

### GASTON.

Vous ne le dites pas, mais le pensez un peu,
Tout à l'heure j'ai fait sans détours mon aveu.
Dites-moi maintenant si je dois le reprendre,
Ou si vous voulez bien parfois encor l'entendre.

## MARGUERITE.

Ça, Monsieur, c'est très mal, vous me poussez à bout;
Je ne veux désormais rien entendre du tout;
Et vous me faites là de telles confidences!...
Bien d'autres les prendraient pour des impertinences!

## GASTON.

Que vous trahissez bien le fond de votre cœur!
Vous pouvez maintenant prendre ce ton moqueur,
Et je ne vous crois pas. — Non, désormais, mignonne,
Nous ne nous quittons plus. — Que ma mère sermonne,
Disant qu'elle me veut un homme de raison,
Je trouve auprès de vous ma seule ambition.
Pourquoi prendre, après tout, tant de peine importune
Et ne valez-vous pas mieux que toute fortune?
Puis, pourquoi la chercher, nous en avons assez;
Oublions donc, tous deux, les mauvais jours passés.
Voulez-vous me donner votre main comme gage
D'un très sincère amour, d'un prochain mariage?
Marguerite!... Voyons... Vous ne répondez rien,
Mais je lis dans vos yeux que vous le voulez bien!

## MARGUERITE (après un silence).

Gaston, je vous ai fait bien souvent de la peine,
Me le pardonnez-vous?

## GASTON (lui prenant les deux mains qu'il embrasse et tombant à ses genoux).

Oh! soyez-en certaine!

## MARGUERITE.

A votre place, alors, je me fais avocat
Et je vais si bien faire et régler le débat
Que je défendrai bien que d'ici l'on vous chasse,
Et que nous resterons les maîtres de la place.

(Elle s'apprête à sortir et aperçoit M<sup>me</sup> Guiraud et M<sup>me</sup> Prével qui écoutaient à la porte du fond.)

## SCÈNE X.

### LES MÊMES, M^me^ PRÉVEL, M^me^ GUIRAUD.

M^me^ GUIRAUD.

Ils se sont laissé prendre, oh les écervelés !
C'est un combat en règle alors que vous voulez ?
Hélas ! mes bons amis, la lutte est inutile
Et vous avez, tous deux, la victoire facile.
(A M^me^ Prevel, et haut.)
C'était décidément un piège bien tendu
Et nous les amenons où nous avons voulu.
(A Marguerite et à Gaston.)
Mais oui, mes chers enfants, l'histoire du notaire,
De pure invention !... C'était de bonne guerre !
(A Gaston, lui prenant la main.)
Tu ne m'en veux pas trop, toi, mon pauvre Gaston !
J'ai fait pour ton bonheur ce qui m'a semblé bon.
Moi, je t'en veux un peu pour ta seule faiblesse
D'avoir quelques instants douté de ma tendresse.

GASTON.

Chère mère, pardon !

M^me^ GUIRAUD (l'embrassant).

                Tiens, prends et sois heureux !

M^me^ PRÉVEL.

Alors nos ennemis deviennent amoureux ?
Il n'est plus question de dispute et de guerre !

M^me^ GUIRAUD (leur prenant les mains).

Ils vont signer la paix devant Monsieur le Maire !
(La toile tombe.)

A M. François Coppée

# UN AMOUR D'OISEAUX

A MON AMI CHARLES DELILLE

Artiste dramatique.

Paris, 19 juin 1879.

MONSIEUR ET CHER POETE,

*Je suis touché de la pensée amicale que vous avez eue en me dédiant le gracieux poème intitulé :* Un amour d'Oiseaux. *Vous avez jeté un regard attendri sur cette adorable et fragile chose qui s'appelle un nid et où se résument tout l'amour et toute la famille; et vous avez exprimé votre émotion en charmants vers.*

*Sympathiquement à vous.*

FRANÇOIS COPPÉE

# UN AMOUR D'OISEAUX

Ils ont pris domicile au-dessus de ma tête,
Dans des feuilles de lierre et quand on est poëte,
C'est un tableau charmant, mon cher ami lecteur,
Que d'avoir des lilas l'enivrante senteur
Venant d'un frais taillis, vous offrant son ombrage,
Un lac, l'onde tranquille et son brillant mirage,
Un beau ciel, des oiseaux vous donnant leurs chansons,
Et deux jolis amants, ce sont mes deux pinsons.
. . . . . . . . . . . . . . . . . . . . . . . . . . . . . . . . . . . . . . . . . . . . . . . . . . .
Cet endroit où je suis est toujours solitaire ;
C'est, vous le pensez bien, celui que je préfère ;
Depuis que le printemps chez nous est de retour
Avec son beau soleil, j'y reviens chaque jour.
Je n'ai point vu, d'abord, tout le petit manège
De mes hôtes joyeux ; ils ont qui les protège
Une épaisse verdure, et, du reste, leur nid
S'est, derrière un gros nœud, adroitement blotti.
Mais les voyant aller et revenir sans cesse
Et pousser, par moments, comme un cri de détresse
Lorsque je remuais ou faisais quelque bruit,
J'ai cherché, j'ai trouvé leur modeste réduit ;
Il n'est point terminé : sous les feuilles de lierre
Ils entassent tous deux de la mousse légère,
De la plume, du crin, et font un lit soyeux
Où dans cinq où six jours reposeront leurs œufs.
Avec quel tendre amour ils sont à leur ouvrage ;

L'un d'eux construit toujours et l'autre est en voyage,
Puis, lorsqu'il a trouvé quelques matériaux,
Il va de branche en branche, en des bonds inégaux,
Et je le vois, craintif, s'écarter de sa route,
Quand je le suis des yeux, pour me tromper sans doute
Et pour ne pas laisser mon regard indiscret,
Découvrir le logis de leur amour secret.
— Mais le nid est construit ; de doux battements d'ailes,
De petits cris joyeux, de leurs amours fidèles
Me témoignent là-haut. Dieu ! comme ils sont heureux
Mes gais petits pinsons, mes tendres amoureux !
Tandis que sur les œufs l'un d'eux reste sans cesse,
Ecartant doucement son aile avec tendresse,
L'autre, joyeusement, lui chante ses refrains
Que disent avec lui tous les échos lointains.
Pendant quatorze jours, je reviens à ma place,
Et mon œil les surveille et jamais ne se lasse
De les voir tous les deux couver avec amour
Ces œufs qui vont éclore et vont donner le jour
A la tendre nichée. Oh ! combien de tendresse,
Combien de soins touchants pleins de délicatesse
Ils prodiguent d'abord à leurs pauvres petits !
On entend, par moments, de faibles petits cris.
La mère auprès du nid est toujours embusquée ;
Pendant que l'autre vole et cherche la becquée,
Elle veille, en tremblant, contre ses ennemis.
Moi, maintenant, lecteur, je suis de leurs amis,
Car j'ai toujours pour eux des miettes de pain tendre ;
Jusqu'auprès de mes pieds ils viennent pour les prendre,
Puis retournent au nid jetant un cri joyeux
Qui me semble un merci ! — Le soleil radieux
De rayons plus ardents chauffe aujourd'hui la plaine ;

Et pour faire l'essai de leur aile incertaine,
Mes pinsons enhardis ont tantôt pris leur vol
Et sont venus tomber, près de moi, sur le sol.
Alors, j'ai pris ces fous déjà si pleins d'audace
Et je les ai remis doucement à leur place
Dans leur nid ; soins perdus : reprenant leur essor,
Pour la seconde fois, dans un élan plus fort,
Ils sont allés plus loin d'une aile plus certaine,
Et m'ayant plusieurs fois fait prendre même peine,
J'ai vu que leurs efforts n'étaient point superflus ;
.. Depuis deux ou trois jours, je ne les revois plus.
. . . . . . . . . . . . . . . . . . . . . . . . . . . . . . . . . . . . . . . . . . . . . . .
Moi, comme un souvenir de cet amour champêtre,
J'ai pris le nid de mousse, et vous riez peut-être ;
Mon Dieu, ne riez pas, car ces joyeux pinsons,
De leurs tendres amours, de leurs douces chansons,
M'ont touché, réjoui ; dans leur doux voisinage,
J'ai suivi, cher lecteur, leur roman page à page ;
C'est pour l'avoir toujours sous mes yeux retracé
Que je garde ce nid de leur amour passé.

*Rennes, juin 1879.*

CHARLES SINOIR.

Imprimerie Rennaise, rue Bourbon, 5 — E. CAILLOT.

www.ingramcontent.com/pod-product-compliance
Lightning Source LLC
Chambersburg PA
CBHW060510050426
42451CB00009B/915